BIBLIOTHÈQUE MORALE

DE

LA JEUNESSE

PUBLIÉE

AVEC APPROBATION

Le son retentissant de la cloche vint annoncer à Jeanneton Robert que son enfant allait recevoir le saint baptême.

LES

BONBONS

DU BAPTÊME

PAR RENÉ MULLER

ROUEN

MÉGARD ET Cie, LIBRAIRES-ÉDITEURS

1868

Les Ouvrages composant la **Bibliothèque morale de la Jeunesse** ont été revus et **ADMIS** par un Comité d'Ecclésiastiques nommé par MONSEIGNEUR LE CARDINAL-ARCHEVÊQUE DE ROUEN.

L'Ouvrage ayant pour titre : **Les Bonbons du Baptême**, a été lu et admis.

Le Président du Comité,

Picard
Archip. de la Métrop.

AVIS DES ÉDITEURS.

Les Éditeurs de la **Bibliothèque morale de la Jeunesse** ont pris tout à fait au sérieux le titre qu'ils ont choisi pour le donner à cette collection de bons livres. Ils regardent comme une obligation rigoureuse de ne rien négliger pour le justifier dans toute sa signification et toute son étendue.

Aucun livre ne sortira de leurs presses, pour entrer dans cette collection, qu'il n'ait été au préalable lu et examiné attentivement, non-seulement par les Éditeurs, mais encore par les personnes les plus compétentes et les plus éclairées. Pour cet examen, ils auront recours particulièrement à des Ecclésiastiques. C'est à eux, avant tout, qu'est confié le salut de l'Enfance, et, plus que qui que ce soit, ils sont capables de découvrir ce qui, le moins du monde, pourrait offrir quelque danger dans les publications destinées spécialement à la Jeunesse chrétienne.

Aussi tous les Ouvrages composant la **Bibliothèque morale de la Jeunesse** sont-ils revus et approuvés par un Comité d'Ecclésiastiques nommé à cet effet par Son Éminence Monseigneur le Cardinal-Archevêque de Rouen. C'est assez dire que les écoles et les familles chrétiennes trouveront dans notre collection toutes les garanties désirables, et que nous ferons tout pour justifier et accroître la confiance dont elle est déjà l'objet.

LES BONBONS DU BAPTÊME.

I.

Joseph Robert n'était pas riche ; mais il avait une petite maison, deux ou trois champs, et il se vantait d'avoir bien des cordes à son arc pour gagner sa vie. D'abord, un buisson de genièvre qui se balançait au-dessus de sa porte annonçait aux passants qu'ils trouveraient là de quoi se rafraîchir. Joseph avait, en effet, dans sa cave du vin clairet, de la bière mousseuse et de l'eau-de-vie, qu'il ne vendait pas trop cher. La table était propre, les verres bien rincés, et la ménagère, assez avenante pour attirer la pratique, savait aussi s'en faire respecter.

Jeanneton était une petite brunette, vive comme un poisson, adroite comme une fée, et si laborieuse, que dans tout le village elle n'avait pas sa pareille. Joseph l'avait épousée, quoiqu'elle n'eût pour tout avoir que 100 écus, et il savait bien, le rusé compère, qu'il ne faisait point une mauvaise affaire. Jeanneton avait servi pendant huit ans Mme Delorme, la plus riche propriétaire du village; et si elle n'avait pas amassé une meilleure dot, c'est qu'elle avait une vieille grand'mère et deux petites sœurs à nourrir.

Pour remplir ce devoir, la bonne fille se privait gaîment de tout ce qu'on aime à son âge, et elle se serait reproché le désir même d'avoir une belle robe ou un bonnet à rubans. Tout ce qu'elle gagnait passait de ses mains dans celles de son aïeule; et tant que la pauvre vieille eût vécu, Jeanneton n'eût jamais pensé à se marier. Mais elle perdit, dans l'espace d'un an, ses deux sœurs et sa grand'mère, et, se trouvant seule au monde, elle épousa son cousin Robert, qui, disait-on, était pour elle un excellent parti. Mme Delorme elle-même l'engagea à ne pas refuser cette occasion de s'établir ; et pour donner à Jeanneton, qui l'avait fidèlement servie, une preuve de son affection, elle se chargea de monter le petit ménage.

Elle fit bien les choses. Joseph, tout fier de se voir meublé comme un prince, de pouvoir disposer d'un peu d'argent, d'avoir une femme accorte et proprette, ouvrit une auberge qu'elle devait faire valoir pendant qu'il s'occuperait ailleurs. Il avait appris l'état de charpentier, et, quoiqu'il ne fût pas un ouvrier de première force, il savait assembler des pièces de bois et couvrir une toiture. Il travaillait de son métier tout l'été, et pour utiliser ses loisirs pendant l'hiver, il faisait des sabots, non pas de ces sabots lourds et grossiers comme en pourrait creuser le premier venu, mais des sabots si fins, si légers, si mignons, que toutes les jeunes filles en voulaient avoir. Au printemps, Joseph vendait des semences pour les jardins, un vieux marchand qui venait de Liége tous les ans, avec une voiture de graines, en ayant établi un dépôt chez lui. Enfin, Robert jouait du violon, et pas une noce dans le canton ne se faisait sans qu'il en rapportât des pièces blanches et du gâteau.

Grâce à ces diverses industries, il n'y avait pas de morte-saison pour Joseph. Il savait aussi bien ménager l'argent que le gagner ; aussi l'aisance entrait peu à peu dans sa maison ; et quand Jeanne, qui ne perdait pas non plus un instant, l'entendait siffler et chanter, en ébauchant ou en polissant les sabots, elle se trouvait réellement heureuse.

— Qui sait, lui disait-il, si nous n'arriverons pas à être plus tard de bons propriétaires, comme celui-ci ou comme celui-là ? Ça m'irait assez de voir les gens m'ôter leur casquette en m'appelant monsieur.

— Il ne faut pas avoir tant d'ambition,

Joseph, répondait la jeune femme. Pourvu que nous puissions mettre tous les ans quelque chose de côté, afin de n'être à charge à personne quand nous serons vieux, c'est tout ce que nous devons désirer.

— Allons donc ! j'espère bien pouvoir faire bâtir dans deux ou trois ans une belle maison à la place de cette baraque, et remplacer mon bouchon par une plaque de tôle peinte et dorée, portant l'image du grand saint Nicolas.

— Et sur la façade toute neuve, nous ferons écrire en lettres aussi hautes que moi : « On loge à pied et à cheval, » dit Jeanneton en riant aux éclats.

— Mais oui, nous aurons un hôtel, au lieu d'un cabaret, à moins que cela ne te convienne pas, ma Jeannette....

— Je serais bien difficile.

— Quand on a un homme comme Joseph Robert, on peut prétendre à tout, dit sentencieusement le sabotier.

— Chut ! fit Jeanneton, si quelqu'un t'entendait....

— Eh bien ! si l'on m'entendait ?....

— On se moquerait de toi, Joseph. Faisons de notre mieux, mon ami ; mais ne nous vantons jamais. Si nous réussissons, nous aurons moins d'envieux, et si nous ne réussissons pas....

— Tais-toi : tu auras quelque jour des robes de soie et des chapeaux à plumes aussi beaux que ceux de Mme Delorme.

— Tu es fou, mon pauvre Joseph. Quand j'en aurais, je n'oserais pas les porter. On me montrerait au doigt, et l'on n'aurait pas tort.

— C'est ce que nous verrons. Je suis le maître ici sans doute.

— Oui, oui, tu es le maître ; quand tu m'achèteras des robes de soie et des chapeaux à plumes, je les mettrai pour t'obéir, répondit Jeanneton, en songeant qu'elle avait devant elle bien plus de temps qu'il n'en fallait pour se préparer à la résistance.

Un an après son mariage, Robert avait 600 fr. d'économies et une petite fille blonde et rose qui promettait de lui ressembler. Ce double bonheur l'enorgueillit si fort, qu'il oublia les bons conseils de sa femme. En caressant la jolie enfant, il lui échappa de dire devant deux ou trois voisines que quand elle serait en âge de se marier, il lui aurait ramassé des écus assez pour qu'elle pût choisir entre les plus huppés du village. Le propos fut répété par les commères ; et comme on savait qu'en effet Robert gagnait bien sa vie, comme surtout on était jaloux de savoir que Jeanneton et lui faisaient bon ménage, on le plaisanta sur sa fortune à venir.

Joseph aimait à rire aux dépens des autres ; mais il ne savait pas supporter la moindre raillerie ; il riposta si bien, qu'il mit les rieurs de son côté ; mais comme il ne craignait pas de dire des choses mordantes à ceux qui osaient seulement lui adresser une légère épigramme, il se fit des ennemis, dont les malignes remarques et les critiques déplacées lui causèrent un tort considérable. Si ces gens pleins de rancune n'avaient fait que lui enlever quel ques pratiques, en disant que son vin était absinthé, sa bière trop chaude, son eau-de-vie trop faible, et ses semences trop vieilles, c'eût été beaucoup déjà ; mais il y eut encore un plus grand mal. Joseph était vif, querelleur, entêté, orgueilleux ; il s'indigna des rapports qu'on lui faisait à chaque instant; et pour répondre aux méchants, il devint plus méchant qu'eux.

Jeanneton, qui était douce et sage, essayait de le calmer ; elle lui disait que moins il s'occuperait des mauvaises langues, plus tôt elles se tairaient, et que mieux il cacherait les blessures faites à son amour-propre, moins on songerait à lui en faire de nouvelles. Mais Joseph se croyait bien supérieur à sa femme sous le rapport de l'esprit et de la raison ; il ne l'écoutait donc pas, ou il l'écoutait avec colère, et la pauvre Jeanne attirait sur elle l'orage qui grondait dans le cœur irrité du charpentier.

Robert avait toujours été susceptible ; il le devint à tel point, qu'un mot, un regard, un sourire lui causaient de l'ombrage ; s'il passait devant quelques personnes qui riaient ensemble, il se persuadait qu'elles se permettaient à son égard quelque mauvaise plaisanterie ; il rentrait chez lui d'une humeur féroce, trouvait à redire à tout ce que faisait Jeanneton, se plaignait de son bois, de ses outils, des cris de son enfant, et finissait par s'en aller, afin de rêver à ce qu'il ferait pour punir ceux qui s'étaient ainsi moqués de lui.

Il se trompait souvent et se croyait l'objet des railleries de gens qui ne songeaient pas à lui ; plus souvent encore, pour ne pas dire toujours, il s'exagérait la portée des petites raisons que des voisins trop officieux se plaisaient à lui répéter ; il se montait la tête et devenait haineux à force de dépit.

Il espionnait ceux dont il pensait avoir à se plaindre, et il y mettait tant de persévérance, qu'il arrivait neuf fois sur dix à surprendre des choses qu'on croyait bien cachées; et comme il ne cherchait point à les découvrir pour en faire mystère, il attendait avec impatience l'occasion d'en tirer parti.

Plusieurs mariages manquèrent par suite de ses indiscrétions, sans qu'il se les reprochât; mais un marchand du village alla se noyer, parce que Joseph dit, en plein café, que ce marchand était sur le point de faire faillite. C'était la vérité ; mais personne ne le savait, et le pauvre homme espérait encore sortir de ces cruels embarras. Quand Robert apprit sa triste fin, il en fut consterné ; mais le chagrin qu'il en ressentit ne fit qu'aigrir encore son caractère, surtout lorsqu'il reconnut que celui dont il avait causé la mort n'avait jamais dit un mot de lui.

L'image de ce noyé le poursuivait sans cesse ; il y pensait tout le jour et la revoyait encore dans son sommeil. Il s'éveillait en proie à d'affreux cauchemars, et il jetait des cris qui épouvantaient la pauvre Jeanne. Pendant plus d'un mois elle craignit de le voir devenir fou.

Il ne le devint pas ; mais, pour chasser le souvenir qui l'obsédait, il ne trouva rien de mieux à faire que de s'étourdir par la boisson. Dès lors, tous ceux qui s'arrêtèrent dans son cabaret le trouvèrent prêt à leur tenir tête, le verre en main, et à faire avec eux la partie de cartes. Les premières fois que Jeanne le vit s'attabler avec des inconnus, elle en fut toute surprise ; mais elle pensa que Joseph avait besoin d'un peu de distraction, après les secousses qu'il avait eues, et elle le laissa faire; mais quand elle vit qu'il en prenait l'habitude, elle lui parla avec beaucoup de douceur des suites que pourrait avoir cette habitude.

— Nous sommes jeunes, mon ami, lui dit-elle, c'est le moment de travailler avec ardeur, et nous avons trop bien commencé pour ne pas continuer. Le travail chasse les tristes pensées bien plus sûrement que l'ivresse. Je sais bien, Joseph, que tu ne bois pas jusqu'à en perdre la raison ; mais cela t'arrivera sans même que tu t'en aperçoives, si tu ne te remets pas de bon cœur à l'ouvrage.

— Laisse-moi tranquille, répondait Joseph, je sais ce que j'ai à faire, et cela ne te regarde pas.

— Je te parle amicalement, mon bon Joseph, et je serais bien fâchée de te faire de la peine.

— Eh bien ! si tu veux me faire plaisir, tais-toi.

— Je me tairai ; mais promets-moi de ne plus t'amuser ainsi avec le premier venu.

— Je ne te promets rien du tout ; je ferai ce qu'il me plaira, pas autre chose. J'ai été trop bon pour toi comme pour tout le monde ; je ne veux plus l'être, et je n'ai pas besoin de tes sermons.

— Mais je ne te sermonne pas, mon ami : nous causons.

— Merci de la conversation ; elle m'ennuie ; et si elle n'est pas finie, tu peux l'achever toute seule.

Plutôt que de laisser partir son mari, la pauvre Jeanne se taisait ; car, depuis qu'il était en proie à ces idées noires, elle n'avait pas un instant de tranquillité quand il était hors de la maison. Cependant, peu à peu le souvenir de la mort du marchand s'affaiblit en lui, et quelques mois plus tard, il se raillait lui-même d'y avoir pensé. Mais en reprenant sa tranquillité d'esprit, il ne retrouva pas son ancien amour du travail. Il s'y mettait à contre-cœur, n'attendant qu'une occasion de le quitter bientôt, et cette occasion ne manquait guère. Il y a partout de ces gens qui se plaignent de leur position sans vouloir rien faire pour l'améliorer, des gens qui, ayant une femme et des enfants à nourrir, dépensent dans les cabarets presque tout ce qu'ils gagnent et deviennent le fléau de leurs familles, au lieu d'en être le soutien.

Robert avait dit souvent qu'il ne recevrait jamais de telles gens chez lui, et que s'ils y venaient par hasard, il saurait bien les congédier. Pendant les deux premières années de son mariage, sa clientèle n'était composée que de rouliers, de marchands ambulants ou de quelques vieux rentiers qui venaient faire une partie de cartes ou de dominos en prenant leur café. Mais quand Robert se mit à déblatérer contre tous ceux qu'il croyait ses ennemis, ces bons vieux, amis de la paix, se retirèrent; car ils ne voulaient ni se ranger à son opinion ni la combattre.

Les voyageurs s'amusèrent d'abord des boutades de Robert, mais il s'en trouva qui connaissaient ceux dont il parlait; ceux-là furent mécontents et allèrent se reposer ailleurs; les autres, jugeant que l'aubergiste avait une langue de vipère, s'éloignèrent aussi, et cette honnête clientèle fut remplacée par les mauvais sujets dont nous parlions tout à l'heure.

Joseph ne les congédia pas; il lui fallait absolument quelqu'un avec qui il pût boire, critiquer et railler à son aise. La pauvre Jeanne n'avait pas, comme lui, perdu sa fierté; elle eut grand'peine à faire bonne mine à ces gens qu'elle n'estimait pas; mais quand elle voulut adresser de nouvelles observations à son mari, il l'écouta moins que jamais.

— Oui-da, ma mie, lui dit-il, vous voudriez me mener par le bout du nez. Foi de Robert! cela ne sera pas, et l'on n'entendra jamais dans ma maison la poule chanter plus haut que le coq.

Jeanneton ne répliqua point; mais elle se mit à pleurer.

— Pleure, reprit-il, pour qu'on croie que tu es malheureuse et pour que tout le monde me jette la pierre.

— Ah! Joseph, j'étais bien heureuse autrefois, et je le serais encore, si tu le voulais, dit la pauvre femme.

— Ce n'est pas moi qui ai tué notre bonheur, répondit-il d'un air sombre; mais c'est fini, tu peux compter qu'il est bien mort. Les misérables! ils m'ont ruiné, perdu, déshonoré....

— Mon Dieu! Joseph, tu t'exagères le mal qu'ils t'ont fait. Sois un homme paisible et un bon ouvrier comme autrefois, laisse passer les mauvais propos des méchants et des jaloux, n'y réponds jamais, et tu verras qu'ils ne s'occuperont plus de toi.

— Quand je dis que tout l'univers est contre moi, j'ai bien raison, puisque ma femme même me donne tort. Ah! pauvre Joseph, tu es un homme perdu.... Oui, je suis perdu; et ce qui pourrait m'arriver de mieux pour moi, pour toi, pour notre enfant, ce serait d'avoir bientôt six pieds de terre sur le corps.

— Mais tais-toi donc, Joseph, je t'en supplie; tu ne sais pas toute la peine que tu me fais,

— Bah! si je vis, je t'en ferai bien davantage. Oui, j'étais un homme paisible, un bon ouvrier; je ne suis plus qu'un paresseux, un ivrogne, un propre à rien, qui mangera jusqu'à son dernier sou et qui te mettra sur la paille.

— Je ne crois pas cela, interrompit Jeanneton.

— Tu le crois si bien, que te voilà toute pâle et toute tremblante. Et tu as raison de le croire, parce que cela sera. Cela sera, c'est moi qui te le dis.... Mais quand tu n'auras plus ni feu ni lieu, ce n'est pas moi qu'il faudra maudire, mais les brigands qui m'auront amené là....

— Je leur pardonne à tous ; fais comme moi, Joseph ; c'est la loi du bon Dieu, et celui qui l'observe peut compter sur sa protection.

— Je sais ce qui m'attend et je ne compte sur rien de bon. Fais comme moi, Jeanne, si tu ne veux pas être trompée.

— Dieu ne veut pas qu'on désespère de l'avenir ; mais il ne veut pas non plus qu'on garde rancune à ses ennemis.

— J'ai trop de cœur pour oublier le mal qu'ils m'ont fait. Mais toi, tu n'as pas de sang dans les veines, et tu m'aimes si peu, que cela t'est bien égal de me voir méprisé, décrié, volé, assassiné....

— Mon pauvre Joseph, ta tête s'égare.

— Je te l'ai déjà dit : si je ne suis pas fou, je le deviendrai. Je suis bien aise de voir que nous sommes d'accord.

— Mais non, mon ami, c'est une manière de parler.

— C'est la bonne, c'est la vraie. Tout est fini, tout est perdu....

Robert accompagnait ces paroles d'une

pantomime qui pouvait réellement faire croire que la folie s'était emparée de son cerveau. Il se promenait d'un bout à l'autre de la cuisine, en s'arrachant les cheveux, en se meurtrissant la tête de ses poings fermés, puis il interrompait ces gestes désespérés par des cabrioles et des contorsions étranges.

Jeanneton eut peur ; elle s'assit près du feu, la tête dans ses mains, et elle se mit à prier tout bas Dieu et les saints de lui venir en aide. Elle comprit qu'en essayant de le calmer, elle ne ferait que l'irriter encore, et qu'il valait mieux n'avoir pas l'air de remarquer ses extravagances.

Peu à peu il ralentit le pas et il finit par s'arrêter près de la fenêtre ; puis il revint vers le foyer et se tint debout derrière sa femme. Jeanneton se leva alors, et, le prenant par la main, elle le conduisit près du berceau de la petite Marguerite. Elle en souleva le rideau, et la belle enfant, réveillée par la lumière, sourit en lui tendant les bras. Robert la prit, la couvrit de baisers et fondit en larmes.

La crise était passée. Pendant deux ou trois jours, honteux de tout ce qu'il avait dit et fait, sous l'empire de cette fiévreuse exaltation, Joseph essaya de se remettre à l'ouvrage; mais ses nouveaux clients le raillèrent de sa sagesse, et l'un d'eux lui dit à voix basse :

— C'est donc vrai, mon vieux? Tu as peur de ta femme.

Joseph ne craignait rien tant que de laisser croire qu'il n'était pas le maître chez lui ; il jeta bien loin le sabot auquel il travaillait, ôta son tablier de cuir, qu'il roula soigneusement pour faire voir que sa journée était finie, et se mit à table. Il y resta jusqu'au soir, buvant, riant, chantant, et décochant de temps à autre quelque trait malin à l'adresse de ceux auxquels il en voulait.

Ces bons compagnons revinrent le lendemain, puis le surlendemain ; et comme leur bourse n'était pas très-bien garnie, ils demandèrent à leur ami Joseph un crédit que celui-ci ne put leur refuser. Jeanneton voulut protester, ils lui imposèrent silence, et Joseph se joignit à eux, lui qui nagnère n'aurait pas supporté qu'on adressât à sa chère petite femme une parole impolie.

Restée seule avec lui, à l'heure où les règlements de police obligeaient à fermer le cabaret, elle jugea inutile de lui faire la moindre observation ; car il n'était pas en état de l'entendre. Elle le laissa s'endormir, sans même répondre aux injustes querelles qu'il lui cherchait ; et à son réveil seulement, elle lui dit qu'il avait été trop bon de croire que ces ivrognes le paieraient. Au lieu d'en convenir, il se fâcha. C'est la ressource des gens qui sont mécontents d'eux-mêmes et qui ne veulent pas l'avouer.

Quand il eut grondé, crié, tempêté, il sortit et ne rentra que fort tard. Il n'était pas ivre, comme la veille ; mais son irritation était encore plus grande.

— Tu ne me demandes pas d'où je viens? dit-il à sa femme.

— Je craignais de te contrarier, répondit Jeanneton, qui ne le devinait que trop.

— Je viens de chez Jean-Pierre. Puisque tu trouves à redire à ce que je m'amuse chez moi, il faut bien que j'aille m'amuser ailleurs. Je n'en ferai pas d'autres jusqu'à ce que tu saches que je suis le maître, que je peux recevoir qui je veux et donner à mon gré ma marchandise avec ou sans argent.

— Si ce n'était pas à des gens comme ceux-là, je ne dirais pas un mot, reprit Jeanneton ; mais si tu veux leur donner tout ce qu'ils te demanderont, il ne nous restera bientôt plus que les yeux pour pleurer.

— Un peu plus tôt un peu plus tard, il faut que çà vienne, Est-ce que je ne te l'ai pas dit?

— Non, non, Joseph, cela ne sera pas. Ma pauvre grand'mère était une sainte, et elle m'a promis en mourant que le bon Dieu veillerait sur moi.

— Et qu'il te récompenserait d'avoir été si bonne fille.... Je le sais bien, puisque j'étais là, répondit Joseph avec un peu d'émotion. Mais la preuve que la bonne vieille s'est trompée, c'est que tu m'as pris pour mari.

— Je t'aime assez pour n'avoir pas encore regretté d'être ta femme ; et si tu le voulais, Joseph, je serais, comme autrefois, la plus heureuse du monde.

— Pst ! tu veux m'entortiller ; mais je n'écoute pas plus tes cajoleries que tes reproches. Je suis ce que je suis, et je ne veux pas changer.

— Non, Joseph, tu n'es pas toi-même depuis quelque temps ; mais tu le redeviendras, j'en suis sûre.

— Crois ça et bois de l'eau. Quant à moi, j'aime mieux le vin. Chacun son goût.... Vive la liberté !...

Il usa si bien de cette liberté qu'il invoquait, que sa cave se vida sans qu'aucun argent rentrât pour lui permettre de la remplir. Il voulait acheter de nouvelles marchandises, payables au bout de trois mois ; mais Jeanne, qui ne pouvait supporter l'idée de s'endetter sans savoir comment elle paierait, pria les négociants de ne faire aucune avance à son mari. Joseph cria contre les riches, qui ne veulent point faciliter aux pauvres les moyens de gagner leur vie; mais malgré lui, il fallut qu'il décrochât le bouchon, et la pauvre femme éprouva une certaine consolation en songeant qu'elle ne verrait plus s'attabler chez elle ces gens dont les conseils et les exemples avaient détruit son bonheur.

II.

Elle espérait encore que Robert, désormais seul à la maison, reprendrait goût à la besogne ; son attente fut trompée. Il travaillait pourtant un peu, mais sans courage et sans plaisir. Il bâillait bruyamment, au lieu de chanter comme autrefois, et il ne sortait de sa bouche que des paroles pleines d'amertume. Il se plaignait d'être obligé de gagner son pain en se tuant du matin au soir, et à peine se tenait-il pendant deux heures à l'ouvrage.

Il sortait alors, cherchant quelque prétexte pour justifier cette sortie, lorsqu'il était de bonne humeur; les autres jours, qui étaient les plus nombreux, il partait sans rien dire, et presque jamais il ne rentrait avant la nuit. Jeanne, voyant que les reproches étaient inutiles, avait renoncé à lui en faire; mais il voyait combien elle avait de chagrin; car elle avait vieilli de dix ans, depuis qu'il n'était plus l'homme laborieux et le bon sujet qu'elle avait cru épouser.

Elle n'avait pour toute consolation que sa petite Marguerite. L'enfant était douce et intelligente; elle aimait sa mère, et, quand elle la voyait triste, elle redoublait de caresses pour ramener le sourire sur ses lèvres. Elle aimait aussi son père, et, toute petite encore, elle avait remarqué qu'il cessait de crier et de gronder quand elle l'en priait. Joseph ne la rebutait jamais; il craignait trop de l'effrayer; mais plusieurs fois, lorsqu'elle voulait l'embrasser, en l'appelant son bon petit père, il l'avait doucement repoussée en murmurant :

— Laisse-moi, je ne suis pas un bon père.

— Mais si, papa, répondit un jour Marguerite.

— Je te dis que non, reprit-il avec plus de tristesse que de colère. Demande-le à ta mère, et je suis sûr qu'elle dira comme moi.

— Maman..., répliqua la petite fille; mais elle me dit toujours que tu es très-bon, que je dois t'aimer beaucoup et prier de tout mon cœur le bon Dieu pour toi.

— Vraiment, Jeanne, tu dis cela? fit Robert.

— Oui, mon ami, je le dis et je le pense. Nous ne sommes pas heureux depuis quelque temps; mais ce n'est qu'un mauvais moment à passer. Tu as trop de cœur et trop d'honneur pour que cela puisse durer toujours.

Joseph sortit sans répondre; mais il revint au bout d'une heure, et il fit presque dans sa journée une jolie paire de sabots. Il s'y remit le lendemain, et, tout en les polissant, il sifflotait entre ses dents le refrain d'une vieille chanson. Marguerite allait et venait autour de lui, en riant et en babillant comme savent rire et babiller les enfants qui se sentent aimés. A chaque instant elle lui adressait quelque question qui le forçait à s'interrompre ; mais il recommençait à siffler aussitôt. Jeanne les regardait et les écoutait, la joie au cœur et les yeux pleins de larmes, quand un coup frappé à la fenêtre la fit tressaillir.

Elle leva la tête et elle se sentit pâlir en reconnaissant un des nouveaux amis de Robert.

— Eh ! Joseph, cria-t-il, on t'attend.

Joseph ne répondit qu'en montrant le sabot qu'il achevait.

— Viens ! reprit l'autre. Il y a chez Jean-Pierre quelqu'un qui veut te parler pour une charpente.

— C'est différent, répliqua Joseph.

— N'y va pas, je t'en prie, dit la jeune femme.

— A quoi penses-tu ? Voici le printemps qui vient; si je laissais l'ouvrage aux autres, tu serais la première à me blâmer.

— Je suis sûre, Joseph, qu'il ne s'agit pas d'une charpente.

— Eh bien ! je le verrai.

— Et si c'est un prétexte que cet homme prend pour te faire sortir, tu reviendras?

— Tout de suite, je te le promets.

— Va donc, dit-elle ; je compte sur ta parole.

Il n'y avait chez Jean-Pierre personne qui voulût faire bâtir ; cependant Robert ne revint pas, ses camarades l'ayant encore une fois raillé de ses bonnes résolutions.

— Le marché est-il conclu? demanda Jeanne, lorsqu'il rentra.

— Pour faire un marché de dupe, merci, ça ne presse pas, répondit-il. A-t-on jamais vu offrir à un ouvrier le quart de ce que l'ouvrage vaut? J'aimerais mieux me croiser les bras d'un bout de l'année à l'autre que d'accepter de pareilles conditions.

— Ainsi vous n'êtes pas tombés d'accord ?

— Nenni, et je te prie de croire que ce n'est pas ma faute.

— S'agissait-il d'un travail important?

— Une grange à rétablir et un pressoir à faire.

— Ici ?

— Qui veux-tu qui songe à bâtir ici? Ils sont tous pauvres comme des rats d'église. L'homme en question est un cultivateur qui reste à quatre ou cinq lieues, dans une ferme isolée. Je dois le revoir demain ; et s'il est plus raisonnable, je tâcherai de m'arranger avec lui.

Jeanne crut ce que lui disait son mari ; il n'avait pas jusque-là pris la peine de mentir ; mais pendant toute la semaine, Joseph, afin de ne pas manquer ce prétendu client, élut domicile au cabaret de Jean-Pierre. Chaque soir, Jeanne l'interrogeait, et chaque soir les nouvelles étaient les mêmes. Le dimanche arrivé, Joseph annonça qu'il allait voir cet homme à la ferme, pour s'assurer de ce que valaient d'anciens matériaux qu'il devait employer.

Après son départ, la jeune femme, à qui l'on venait d'apporter un sac de farine, chercha l'argent qu'elle avait mis de côté pour le payer ; mais elle eut beau retourner son armoire de fond en comble, elle ne retrouva pas le petit sac de toile qui contenait ses économies. Elle ne devina que trop où il était passé, et elle pleura beaucoup en songeant à tous les maux dont elle était menacée. Sa tristesse se changea en une grande inquiétude, quand elle entendit sonner la retraite sans que Joseph eût reparu.

Que pouvait-il faire si tard sur les chemins, tout seul, par une nuit obscure? La pauvre femme passa de cruelles heures, et elle ne songeait plus à son argent, quand, à minuit moins quelques minutes, elle reconnu la voix de son mari.

Elle courut au-devant de lui, pour s'assurer qu'elle ne se trompait pas.

— Mon Dieu ! dit-elle, comme tu reviens tard ! Il ne t'est rien arrivé, j'espère ?

— Non, rien; mais j'ai bien manqué d'être tué, à l'entrée du Bois-Brûlé. Va, Jeannette, si j'avais été poltron, tu serais veuve à l'heure qu'il est. Rallume ton feu et donne-moi une goutte pour me réconforter.

— Mon pauvre ami, dit Jeanne, s'empressant d'obéir, tu n'es pas blessé du moins ?...

— Regarde comme ils m'ont arrangé, reprit-il en montrant sa blouse neuve toute couverte de boue.

— Tu as donc été attaqué ?

— Par trois grands gaillards qui m'ont culbuté et qui m'auraient assassiné, sans le bâton que voici. Mais je m'en suis joliment servi, sois tranquille.

— Ah ! ce n'est pas sans cause que j'étais si tourmentée.

— J'en ai laissé un sur la place, les deux autres se sont sauvés.

— Qu'était-ce donc que ces hommes-là ?

— Des voleurs, parbleu ! Pendant que je luttais contre eux, ils ont fouillé dans ma poche et ils m'ont enlevé 48 fr. que j'avais pris ce matin sur le devant de l'armoire.

— En effet, j'ai voulu payer le meunier, et l'argent n'était plus là.

— J'aurais bien fait de l'y laisser; mais je pensais en avoir besoin pour acheter des bois, si je m'arrangeais avec le fermier. Encore un qui serait bon à mettre avec ces voleurs de grand chemin. Qu'il aille au diable! Je ne veux plus entendre parler de lui.

— Ah! j'aime mieux que tu n'ailles pas travailler là-bas. Je mourrais d'inquiétude en ton absence.

— C'est toujours une chose terrible que d'avoir perdu cet argent, amassé avec tant de peine.

— Sans doute; mais il n'y faut plus penser. Si tu avais été tué ou seulement blessé, ce serait un bien plus grand malheur. Aussi que le bon Dieu soit béni de t'avoir protégé! dit Jeanne en serrant les mains de son mari.

— C'est égal, ces choses-là n'arrivent qu'à moi. Il ne manque pas de gens qui voyagent sur toutes les routes, et l'on n'entend jamais parler de rien. Mais j'ai mon idée là-dessus, et l'on aura du mal de me l'ôter.

— Quelle idée, mon bon Joseph ?

— Il m'a semblé reconnaître la voix du grand Baudry, notre voisin, et les deux autres pourraient bien être son neveu et son beau-frère, qui ne valent pas mieux que lui.

— A quoi penses-tu, Joseph ? Ces gens-là t'en veulent, je le sais bien ; mais ce ne sont pas des voleurs.

— Et si le vol n'était qu'une frime pour cacher leur vengeance?

— Ne va pas dire un mot de tout cela, Joseph, je t'en prie; car nous serions perdus.

— Me prends-tu pour un imbécille?

— Non ; mais tu as quelquefois la langue un peu légère ; ce n'est pas pour te le reprocher, Joseph ; mais tu sais bien que tous nos ennuis sont venus de là.

— Quand cela serait, je n'aurais point de regret de ce que j'ai fait. On n'obtiendra jamais de moi que je me laisse insulter; et si quelqu'un me manque, tôt ou tard il me le paiera. Le grand Baudry n'a qu'à se bien tenir.

— Ce n'est pas lui qui t'a attaqué, j'en répondrais, dit Jeanne. Et tiens, voilà que j'y pense, je l'ai vu passer sur le coup de huit heures. Il allait avec sa femme à la veillée chez son beau-père.

Robert savait mieux que personne que le grand Baudry était innocent de ce méfait. Il n'était allé qu'au village voisin, où ses amis lui avaient donné rendez-vous. Ils en étaient sortis ensemble ; mais comme il était hors d'état de se soutenir, ils l'avaient abandonné sur le bord d'un talus, où il avait dormi longtemps. En se réveillant, il avait roulé jusqu'au fond d'un fossé plein de vase, et il n'avait imaginé l'histoire de cette nocturne agression que pour n'être pas obligé d'avouer la perte de son argent et pour n'avoir pas à rougir de l'état de ses vêtements.

Quant à s'en vanter ailleurs que chez lui, il n'y songeait guère ; mais il n'était pas fâché de se faire auprès de sa femme un mérite de sa discrétion. Pendant plus de huit jours, Jeanne eut peur qu'il ne vînt à nommer Baudry, en racontant ce qui lui était arrivé, et réellement elle lui sut gré d'avoir si bien gardé le silence.

Il parut comprendre la nécessité de travailler pour remplacer les 48 fr. qu'on lui avait volés, et la jeune femme se reprit à espérer encore une fois. Robert, honteux sans doute de la comédie qu'il avait jouée et peut-être touché de l'attachement que lui témoignait sa femme, quoiqu'il s'en reconnût indigne, revenait à ses anciennes habitudes de travail; il ne sortait presque plus, et son caractère n'avait plus de ces bizarreries qui effrayaient la bonne Jeanne. Il allait être père pour la seconde fois, et il fallait pourvoir d'avance aux besoins de l'enfant qu'on attendait.

Il menait depuis quinze jours une conduite exemplaire, et Jeanne se croyait sauvée quand le maire du village vint à mourir subitement. Robert le regretta comme tout le monde; mais cet événement n'eût pas eu d'autres suites pour lui, si son voisin Baudry ne se fût pas mis en tête de remplacer le défunt. C'était encore au temps où les maires étaient directement nommés par les habitants de la commune, tandis qu'aujourd'hui c'est l'autorité qui les choisit au sein du conseil municipal. Quand Joseph sut quelles étaient les prétentions de Baudry, il jura d'empêcher à tout prix son élection; et sans plus tarder, il se mit en campagne. Baudry, sentant qu'il avait besoin de tout le monde dans cette circonstance et redoutant quelque peu les criailleries de Robert, essaya de se rapprocher de lui ; ne sachant trop comment s'y prendre, il appela un jour la petite Marguerite, qui jouait sur le seuil, la fit entrer dans sa maison et lui remplit les poches de noisettes et de bonbons. Mme Baudry y ajouta le don d'une grande poupée, que l'enfant revint toute joyeuse apporter à son papa.

— Que c'est beau ! s'écria Joseph, heureux de la joie de sa fille. Que c'est donc beau! Mais qui t'a donné tout cela, Marguerite?

— C'est mon cousin Baudry, répondit-elle.

Robert et Baudry n'étaient point parents, ou ne l'étaient que de fort loin; mais tant qu'ils avaient été amis, ils s'étaient appelés cousins; et dans sa reconnaissance, la petite fille croyait devoir restituer ce titre à celui qui l'avait si généreusement traitée.

— Comment dis-tu? s'écria Robert, en levant la main sur elle.

— Je dis la vérité, papa, reprit l'enfant, sans s'effrayer. C'est chez M. Baudry qu'on m'a donné tout cela.

— Ah! c'est chez lui. Je t'avais défendu d'y jamais mettre les pieds.

— Je n'y ai pas pensé; mais je n'irai plus, papa.

— Si tu me désobéis, je te punirai d'importance, ne l'oublie pas cette fois-ci.

— Non, papa. Quand on m'appellerait, je n'irais plus.

— Maintenant verse dans mon tablier tout ce qu'il y a dans tes poches.

Marguerite n'hésita pas.

— Et la poupée? ajouta Joseph.

— Je veux bien te donner les bonbons et les noisettes ; mais la poupée est pour moi. Tu n'en as pas besoin, dit-elle.

Joseph la lui arracha des mains, et, sortant aussitôt, il courut chez Baudry, quoique Jeanneton essayât de le retenir. Il ouvrit brusquement la porte ; et comme la famille était à table, il jeta de loin, sans s'inquiéter des plats et des assiettes, le contenu de son tablier.

— Gardez vos cadeaux, dit-il ; moi je garde ma liberté.

Il fit tout ce qu'il put pour entraver l'élection de Baudry ; mais il ne parvint point à l'empêcher. Baudry n'était pas méchant ; malgré tous les propos que Robert s'était permis sur son compte il était décidé à le laisser en paix.

Robert se persuada qu'il le craignait, et sa hardiesse s'en augmenta. Un jour que le maire, revêtu de son écharpe, assistait au tirage, présidé par le sous-préfet, Joseph l'injuria publiquement. Les gendarmes lui mirent la main au collet, et l'on rédigea contre lui un procès-verbal à la suite duquel il fut condamné à trois mois de prison.

Tout ce qu'il put dire pour se justifier fut inutile, et le maire, qui sollicitait pour lui l'indulgence du tribunal, ne fut point écouté, parce qu'en parlant à tort et à travers, en décriant tous ceux qu'il soupçonnait de lui en vouloir, Robert s'était fait la réputation d'un homme dangereux.

Nous n'essaierons pas de dire quel fut le chagrin de Jeanne. Son mari l'avait déjà fait beaucoup souffrir; mais elle l'aimait toujours et elle ne pouvait supporter l'idée de le voir enfermé avec des malfaiteurs. Il y eut une scène déchirante au moment où il lui dit adieu; et ce qui acheva d'accabler la pauvre femme, la dernière parole de Joseph, en quittant sa maison, fut encore une menace de vengeance contre Baudry.

Les larmes de Jeanne n'étaient pas encore séchées quand le cabaretier Jean-Pierre vint lui apporter une note à payer. Il avait fait crédit à Joseph, sûr de ne rien perdre, puisque le sabotier avait un peu de bien. Jeanne avait donné à son mari tout ce qu'elle avait d'argent ; elle offrit à Jean-Pierre le meilleur de son linge et de ses vêtements, qu'il accepta comme à-compte. Mais après ce créancier, il en vint un autre, puis d'autres encore. Jeanne acheva de vider son armoire et donna ses meubles pour que personne n'eût plus rien à lui réclamer.

Elle avait eu la pensée de s'adresser à Mme Delorme, son ancienne maîtresse et sa bienfaitrice, qui lui eût certainement prêté la somme dont elle avait besoin; mais cette dame, étant à Paris, ne savait rien de ce qui s'était passé et Jeanne reculait devant la honte de lui apprendre que son mari était en prison.

Au milieu de son dénûment et de son chagrin, la pauvre femme mit au monde un petit garçon.

— Mon Dieu ! dit-elle en l'embrassant, prenez-le sous votre protection ; faites-en un bon sujet sur la terre ou un petit ange dans le ciel.

Jeanne n'avait pensé à demander ni un parrain ni une marraine pour cet enfant né dans de si tristes circonstances, et elle était si timide, qu'elle ne savait qui choisir de peur d'essuyer un refus. Pourtant elle était trop bonne chrétienne pour tarder à le faire baptiser, et elle priait la sainte Vierge de lui venir en aide dans cet embarras, lorsqu'on frappa doucement à sa porte.

C'était Mme Delorme qui, arrivée depuis une heure à peine, venait la consoler.

— Ah ! madame, s'écria Jeanne en joignant les mains, la sainte Vierge m'a écoutée, puisque vous voilà.

— Je sais tout, ma pauvre Jeanneton, dit Mme Delorme, et je devine pourquoi tu ne m'as pas écrit.

— Nous avons eu bien du malheur, reprit la jeune femme, et Joseph est encore plus à plaindre qu'à blâmer.

— Dieu veuille que ce châtiment le corrige! C'est tout ce qu'il faut désirer. En attendant, ma chère Jeanne, j'amène un parrain et une marraine pour ton petit garçon.

Mme Delorme fit entrer alors son fils et sa fille, deux beaux enfants qu'elle avait laissés sur le seuil avec Marguerite. Ils embrassèrent le nouveau-né, et Mme Delorme, le prenant elle-même dans ses bras, dit à Jeanne :

— Quel nom veux-tu lui donner? Nous partons ; car monsieur le curé nous attend.

— Il faut qu'il s'appelle François comme moi, interrompit le parrain.

— Cela me paraît juste, reprit Mme Delorme en souriant.

— Appelez-le comme vous voudrez, répondit Jeanne. Je suis bien heureuse ; car la bénédiction du Seigneur est avec lui.

Il n'y avait pas loin de l'église à la maison du sabotier, et bientôt le son retentissant de la cloche vint annoncer à Jeanneton Robert que son enfant allait recevoir le saint baptême. Elle rendit grâce à Dieu de tout son cœur, et, fatiguée de tant de souffrances et d'émotions, elle s'endormit si profondément, qu'elle n'entendit pas rentrer Mme Delorme.

Pendant que le parrain et la marraine jetaient des bonbons aux enfants du village, la bonne dame remit le petit François dans son berceau et sortit aussitôt, pour ne pas recevoir les remercîments de sa charitable action.

Quand Jeanne s'éveilla, elle crut avoir fait un rêve ; mais elle vit sur son lit une boîte en carton blanc, sur laquelle était écrit le mot baptême. Elle l'ouvrit; car Marguerite la regardait avec des yeux pleins d'impatience. Au milieu des bonbons brillaient des pièces d'or, et le saisissement de la jeune femme fut si grand, qu'elle se mit à pleurer.

Marguerite prit les pièces et en compta jusqu'à vingt.

— Oh! maman, dit-elle, il faudra racheter ton armoire et ton beau lit ; papa aurait trop de chagrin de trouver la maison vide.

C'était la certitude de pouvoir épargner cette peine à son mari qui faisait verser à Jeanneton des larmes de joie. Toutefois elle ne voulut pas disposer de cet or sans la permission de Mme Delorme.

— Fais ce que ton bon cœur t'inspirera, répondit celle-ci. Joseph apprendra toujours la vérité ; et s'il est digne de l'affection que tu lui conserves, il le prouvera.

III.

La nuit tombait; les meubles tant regrettés avaient repris, dans la journée, leur place habituelle, et Jeanneton, fatiguée de tout le mouvement qu'elle s'était donné, venait de s'asseoir au coin du feu, pendant que Marguerite berçait son petit frère, en chantant sur un air de sa composition :

« Mon beau petit, soyez gentil.... Demain, demain, papa viendra. Papa, papa viendra demain. »

— Oui, demain, répéta Jeanne. Il faudra être bien sage, Marguerite ; car ce pauvre père aura grand besoin de consolation.

— Oh ! oui, maman, sois tranquille. Si j'avais su ce qui arriverait, je n'aurais pas été chez M. Baudry.

— Tu as mal fait de désobéir à ton père ; mais tu ne pouvais pas savoir combien cette désobéissance lui ferait de mal. Seulement il faudra te rappeler que quand un enfant désobéit, le bon Dieu le punit toujours.

— Pourvu que papa ne soit plus fâché contre moi..., ajouta la petite fille.

— Oh ! non, il n'est plus fâché, j'en suis sûre, reprit Jeanne. Il t'aime tant et il est si bon....

— Je pleurerais beaucoup, s'il ne voulait pas m'embrasser ; car je l'aime bien aussi, mon papa. Et toi, maman, l'aimes-tu encore ?

— Pourquoi donc ne l'aimerais-je plus ? demanda Jeanne toute surprise.

— Parce que... , répondit Marguerite avec hésitation, parce qu'il a été en prison !

— Pauvre Joseph ! dit la jeune femme, plus il a souffert, plus je l'aime.

La porte était restée entr'ouverte, sans qu'on s'en aperçût. Elle s'ouvrit tout à fait, et Robert, s'élançant vers Jeanne, la serra tendrement dans ses bras.

— Oh ! Jeanne, s'écria-t-il, si je te faisais maintenant verser une larme, je serais indigne de vivre. Marguerite, ajouta-t-il, après avoir baisé les joues et les cheveux de sa fille, tu as demandé à ta mère ce que je n'osais lui demander moi-même; et ce qu'elle t'a répondu prouve que c'est la meilleure des femmes et des mères. Tu comprendras cela plus tard.

— Oui, papa, dit docilement Marguerite, plus tard; mais à présent viens voir notre petit garçon.

— Pauvre enfant! murmura Joseph en embrassant François, il est né dans les larmes....

— Il grandira dans la joie, répondit Jeanneton; car nous allons être heureux, mon bon Joseph.

— Oui, dit Joseph. Puisque j'ai un fils, il faut bien que je lui donne l'exemple du travail et de la bonne conduite. A propos, sais-tu que Baudry m'a fait offrir de me charger de la charpente de la salle d'asile?

— Je n'en savais rien, Jeanne, que ce nom prononcé par son mari rendit toute tremblante. Tu as refusé? demanda-t-elle.

— Non, j'ai accepté. Trouves-tu que j'aie mal fait?

— Ah! que je suis contente! s'écria la jeune femme.

— Il n'y aura peut-être pas beaucoup à gagner, reprit Robert.

— Oh! mon ami, répondit-elle, puisque tu oublies ton ancienne rancune, nous avons assez gagné.

— Vois-tu, Jeanne, ajouta Robert, j'ai eu le temps de réfléchir là-bas. Tous nos chagrins sont venus de mon orgueil. Je ne suis pas bien sûr à présent qu'on ait eu des torts envers moi; mais si l'on en a eu, je devais pardonner et oublier, puisque, comme tu me l'as dit souvent, c'est la loi de Dieu.

— Ah! Joseph, tu me donnes bien plus de joie que je n'ai eu de chagrin! J'étais inquiète de l'avenir; mais me voilà tranquille : tu feras de notre petit François un bon fils et un honnête garçon, puisque tu lui apprendras à respecter la loi de Dieu.

On fut bien étonné de voir Baudry et Robert s'en aller ensemble à la salle d'asile, et revenir en causant comme s'ils avaient toujours été les meilleurs amis du monde. Les gens friands de scandale, et il y en a partout, s'étaient réjouis des scènes qui auraient lieu quand Joseph sortirait de prison; ils le raillèrent pour se venger du déplaisir qu'il leur causait; mais il ne s'en émut pas et ne se mit pas en peine de leur répondre. Cette première victoire remportée sur lui-même lui prouva qu'aucun sacrifice ne lui serait impossible.

Ses compagnons de cabaret le recherchèrent; il leur déclara nettement qu'ils ne devaient plus compter sur lui. Ils eurent recours aux plaisanteries qui leur avaient souvent réussi, et lui demandèrent s'il était décidé à se laisser gouverner par sa femme.

— Oui, dit-il. Elle est plus sage que moi; et si je l'avais toujours écoutée, je me serais épargné une sévère leçon. Riez à votre aise: rira bien qui rira le dernier.

Robert suivit avec ardeur les travaux qu'il avait entrepris; il fit preuve d'autant d'adresse que de probité, et il reconquit en peu de temps l'estime et l'affection de tout ce qu'il y avait d'honnêtes gens dans le village.

La paix était revenue dans son ménage, et chaque jour Jeanne remerciait Dieu d'avoir eu pitié d'elle et de ses enfants. Cependant le petit François ne répondait pas tout à fait à ses espérances. Il grandissait à vue d'œil, et il était si beau, qu'on ne pouvait s'empêcher de l'admirer. Il promettait en outre d'avoir de l'intelligence et de la mémoire; mais il était étourdi, susceptible et entêté. Jeanne le grondait doucement; mais Joseph se contentait de rire de ses espiègleries et de ses colères.

— Tu es trop sévère pour ce pauvre petit, disait-il à Jeanne; on ne peut pas exiger qu'un enfant ait la raison d'un homme. J'aime mieux le voir vif et tapageur que sournois. Quand il sera plus grand, il comprendra qu'il doit se corriger. Est-ce vrai, François?

— Oui, papa, quand je serai grand, je serai raisonnable; mais en attendant je veux m'amuser; et si maman m'aimait comme toi, elle ne me gronderait pas toute la journée.

— Mais c'est parce que je t'aime que je te reprends de tes défauts, mon cher enfant, disait Jeanne, parce qu'il faut être docile et bon pour être heureux.

— Tu n'aimes donc pas Marguerite, puisque tu ne la grondes jamais?

— Marguerite est douce et obéissante; mais quand elle fait quelque chose de mal, je ne manque pas de l'en avertir.

Marguerite était une bonne fille; elle étudiait et travaillait si bien, qu'on la citait comme le modèle de sa classe; et quand elle rentrait chez elle, c'était plutôt pour aider sa mère que pour s'amuser. Elle avait mille complaisances pour son frère, et se laissait gouverner par lui, quoiqu'elle fût son aînée de cinq ans. François lui rendait justice tout bas; ce qui ne l'empêchait pas de la contrarier sans cesse et de se montrer avec elle d'une exigence insupportable.

A mesure qu'il grandissait, son caractère se développait de manière à inquiéter la clairvoyante Jeanneton. Il devenait querelleur, et prenait plaisir à se moquer de tout le monde. Il contrefaisait les aveugles, les boiteux, les vieillards qui marchaient à peine ou dont la tête et les membres tremblaient. Il avait un talent particulier pour imiter la voix ou les manières de toutes les personnes qu'il voyait: il toussait comme monsieur le curé, prisait comme l'instituteur, bégayait comme le percepteur, se redressait comme le notaire et déclamait comme l'appariteur.

Joseph riait à se tordre quand il les imitait si bien ; mais Jeanne l'engageait à prendre garde de fâcher quelqu'un par ces railleuses manières, et lui disait que si on voulait se moquer de lui, on en trouverait certainement le sujet.

— Si tu continues, ajouta-t-elle, ton ignorance suffira ; car tu ne veux rien apprendre et tu es presque toujours le dernier de l'école.

François apprenait avec facilité ; mais il était trop étourdi et trop babillard pour faire beaucoup de progrès ; à chaque instant il se faisait mettre en retenue ; et si l'instituteur ne le congédiait pas, c'était par égard pour ses parents, pour sa mère surtout, qui le suppliait de prendre patience.

L'enfant terrible ne supportait rien de personne ; il tombait à bras raccourcis sur ceux de ses camarades qui essayaient de le contrarier ; et comme il s'attaquait de préférence aux plus forts, il rentrait souvent la blouse fendue depuis le haut jusqu'en bas, les manches déchirées, le nez en sang et les yeux pochés.

Cela ne paraissait plus si comique à Robert ; il craignait qu'en se battant presque tous les jours, François ne vînt à recevoir quelque coup. Il commença donc à gronder; mais l'enfant, habitué à son excessive indulgence, ne fit pas grande attention à ses reproches.

— Sois tranquille, papa, répondit-il, si je reçois des coups, je les rends bien. Il faudrait un grand garçon pour me faire peur, et quand je saurais qu'il va m'écraser, je ne me laisserais pas dire par lui un mot qui ne me conviendrait pas.

Robert se reconnaissait dans son fils et ne disait plus rien. François joignait à cette susceptibilité qui ne savait rien endurer, un désir continuel de s'amuser aux dépens des autres. Quand on le laissait sortir un peu le soir, il allait réveiller les gens paisibles en frappant à leurs portes ou à leurs volets ; il attachait des chats aux sonnettes, sans excepter celle de Mme Delorme; il faisait lever le médecin, qui, ayant couru toute la journée dans les villages voisins, avait l'habitude de se coucher de bonne heure, et il était si leste à se sauver, il se cachait si bien, qu'on ne le soupçonnait pas d'être l'auteur de ces mauvaises farces.

Il avait déjà neuf ans, quand, la veille de Noël, au moment où l'on allait à la messe de minuit, il recruta deux de ses compagnons pour l'aider à éteindre toutes les lanternes des gens qui se rendaient à l'église. La nuit était noire et les chemins mauvais; car il avait plu toute la semaine, et les malins garçons étaient enchantés d'entendre les plaintes des femmes qui se mettaient les pieds dans l'eau ou les enfonçaient dans les fumiers déposés dans des trous le long de la rue.

— Les voilà bien malades, disait-il. Si elles sont mouillées, elles se sécheront.

Pendant que François se divertissait ainsi, sa mère le croyait à l'école, où les enfants avaient rendez-vous pour répéter les beaux Noëls qu'ils devaient chanter à la messe. Elle eut sa lanterne éteinte comme les autres, et ce fut François qui se chargea de la souffler sans qu'elle le reconnût.

Derrière elle venait une pauvre vieille, toute courbée et toute tremblante, qui avait peut-être été plus de quatre-vingts fois à la messe de minuit. Elle se croyait en retard et se hâtait de toutes ses forces.

— Bonsoir, mère Nicolas, lui dit François; voulez-vous que je vous prête mon bras, pour vous aider à marcher?

— Je le veux bien, mon garçon, répondit la vieille; car la boue est glissante aujourd'hui, et mes jambes ne sont pas bien solides.

Au moment où elle cherchait le bras qu'on lui offrait, François se baissa lestement, saisit la lanterne et la jeta dans le ruisseau, en disant:

— La lune va se lever tout à l'heure, attendez-la, mère Nicolas.

— Ah! le méchant garçon! s'écria la vieille, en cherchant sa lanterne du bout de son bâton. Comment vais-je faire pour continuer mon chemin? On n'y voit pas plus que dans le fond d'un four. Et la messe est commencée, bien sûr.

Elle se remit en route ; mais elle quitta sans le savoir le milieu de la rue, et alla se heurter contre le timon d'une voiture qu'on avait négligé de rentrer. La violence du coup la renversa, et elle resta par terre sans connaissance jusqu'à la sortie de l'office. Robert et sa femme la virent les premiers, ils la relevèrent et la portèrent chez elle ; mais, malgré tous les soins que Jeanne lui donna, elle mourut le lendemain, vers le soir.

François était avec ses parents quand ils trouvèrent la pauvre vieille en cet état ; il en fut tout saisi, et il eut peur, quand sa mère dit que sans doute les polissons qui avaient éteint sa chandelle n'avaient pas épargné celle de la mère Nicolas. Il ne put toucher au gâteau du réveillon, et il passa une mauvaise nuit ; car il n'était pas assez méchant pour rester insensible au mal qu'il avait fait. Il courut dès le matin chez ses deux camarades, pour tâcher d'apprendre comment allait la malade.

— Tu es bien nigaud d'y penser, lui dirent-ils. Ce n'est pas toi qui l'as poussée dans le timon de la voiture. Elle n'avait qu'à marcher droit, elle serait arrivée à l'église comme les autres.

— C'est vrai, répondit François. Pourtant je serais bien aise de savoir si elle va mieux.

— Ces vieilles-là ont la vie dure, reprit l'un des deux amis de François. Je parie qu'avant huit jours la mère Nicolas sera sur pied.

Consolé par cette assurance, François rentra pour s'habiller. Sa mère lui avait acheté un vêtement de drap gris, qu'il allait mettre pour la première fois, et qui lui donnait très-bon air. Il sortit de chez lui, et prit le chemin des écoliers pour aller à la messe, afin de se faire voir dans ses beaux atours. Il rencontra un pauvre garçon, un peu idiot, qui, vêtu d'une blouse neuve et luisante, s'en allait aussi fièrement que lui du côté de l'église, où il soufflait l'orgue tous les dimanches.

François trouva plaisant de lui faire des grimaces, et, prenant une grosse pierre, il la lança au milieu d'une flaque de boue, de manière à éclabousser cette belle blouse que le pauvre diable avait eu tant de peine à gagner. Il n'attendit pas longtemps son châtiment : l'idiot le prit par les épaules, et, sans s'inquiéter des coups que lui donnait François, il le porta dans une mare où coulaient les eaux des fumiers, le laissa s'y débattre, et l'y repoussa cinq ou six fois. Par bonheur pour l'étourdi, le sonneur accourut à ses cris, éloigna l'idiot, et tendit une perche à François pour le retirer de ce trou infect, dans lequel il aurait péri. Il revint chez son père dans le plus piteux état ; on le mit au lit, car il était glacé, et le lendemain une fluxion de poitrine se déclara.

Robert et Jeanne étaient désolés ; car ils aimaient leur fils bien plus qu'il ne le méritait. Quand le danger fut passé, la bonne Jeanne essaya de lui faire comprendre ses torts; elle lui parla si tendrement, qu'elle l'attendrit et qu'il lui promit en pleurant de se corriger.

Il était bien sincère alors; mais à peine était-il guéri, qu'il oublia ses bonnes résolutions. La première fois qu'il sortit seul, il y avait fête au village; car on y devait baptiser une cloche; et François s'était beaucoup inquiété, lorsqu'il était malade, de savoir s'il pourrait assister à cette cérémonie.

Jeanne le fit beau, l'embrassa et lui permit d'aller avec les autres enfants, en lui recommandant toutefois d'être bien raisonnable et de laisser les gourmands se disputer les dragées. La gourmandise n'était pas le défaut de François; il aimait mieux faire une farce à quelqu'un que de croquer toutes sortes de friandises.

Ce fut donc par curiosité qu'il suivit de tout près le parrain et la marraine, derrière lesquels on portait une grande corbeille toute pleine de bonbons. Ils allaient lentement, quand on vint leur dire que la voiture de l'évêque allait arriver à l'église.

— Hâtons-nous, dit le parrain, il ne faut pas faire attendre Monseigneur.

Ils pressèrent le pas et se trouvèrent à l'angle de la rue en même temps que le carrosse du prélat. Ils s'arrêtèrent; mais les deux jeunes gens qui portaient les bonbons passèrent étourdiment devant l'attelage, et François les suivit. Au risque de se faire écraser, il se glissa sous la corbeille, et, se redressant brusquement de toute sa hauteur, il en fit sauter le contenu de tous côtés, surtout à la tête des chevaux, qui, surpris par cette avalanche, partirent au triple galop sur la pente rapide au haut de laquelle l'église était située.

Les cris de la foule ajoutaient encore à leur effroi. Le cocher, incapable de les retenir, fut jeté à bas de son siége; la voiture culbuta, et le grand vicaire eut deux dents cassées par le verre de ses lunettes qui lui traversa la joue. L'évêque, plus heureux, en fut quitte pour de légères contusions; mais l'émotion de tous était si grande, qu'il fallut remettre la cérémonie.

François avait fait ce coup si adroitement, il s'était rejeté si vite au milieu des gamins assemblés sur le passage du carrosse, que ni le parrain et la marraine, alors occupés à saluer le prélat, ni les porteurs de la corbeille, attentifs à se garer des chevaux, ni les curieux surpris par l'accident, ne purent en désigner l'auteur. Il n'y avait même personne qui fût en état de dire avec certitude comment la chose était arrivée.

François, inquiet du résultat de son escapade, faisait cependant bonne contenance ; mais on se mit à crier que la voiture était brisée et que Monseigneur était tué. François devint pâle comme un mort, et ses jambes ne pouvant plus le soutenir, il s'affaissa sur le chemin.

— Tiens ! dit une bonne femme, en s'approchant de lui, c'est le petit Robert.... Il vient d'être malade, et un pareil malheur l'a tout saisi. Il faut le reconduire à sa mère.

— Non, s'écria l'idiot, qui arrivait en

courant, il faut le mettre en prison; car c'est lui qui est cause de tout.

— Lui , le pauvre agneau ! reprit la femme. Tu vois bien, Jean, qu'il est plus mort que vif.

— Quand je vous dis que c'est lui, reprit Jean. J'étais sur le mur du cimetière et je l'ai vu culbuter la corbeille.

— Tais-toi, mauvais garnement ! répliqua le sonneur. Je sais que tu lui en veux ; et si je ne l'avais pas tiré de tes mains, il aurait péri dans la mare.

— Tant pis pour lui, dit Jean. Pourquoi qu'il m'avait sali ma blouse neuve?

— Et parce qu'il a sali ta blouse neuve, tu l'accuses d'avoir tué Monseigneur ?

— Ça, c'est la vérité. Je l'ai vu, et je veux qu'il aille en prison.

— La prison est faite pour toi et pour ceux qui te ressemblent, dit le sonneur, qui n'aimait pas l'idiot.

— Elle est faite pour lui, répondit Jean. Son père y a bien été.

— Menteur ! s'écria François en se redressant soudain.

— Ah ! ah ! ah ! il dit que je mens, ricana l'idiot. Est-ce vrai, vous autres?

— Quand ça serait vrai, ça ne te regarde pas, méchant drôle ! répliqua la femme.

— Et si tu ne t'en vas pas tout de suite, tu auras affaire à moi, ajouta le sonneur.

— Viens, mon pauvre petit, que je te reconduise, reprit la bonne femme. Pourras-tu marcher, en t'appuyant sur moi ?

— Merci, madame, dit François, je m'en irai bien tout seul à présent. Ça va mieux, ma frayeur est passée.

François se leva; mais il trébuchait, la femme le prit par le bras et ne le quitta qu'à dix pas de sa maison, où il voulut rentrer seul pour ne pas effrayer sa mère.

— Te voilà déjà, dit Jeanne. C'est bien, mon enfant, tu as été sage.

François ne répondit pas; il s'assit près du feu, en tournant le dos à la fenêtre.

— Est-ce que tu as froid? demanda la bonne mère.

— Un peu, dit-il.

— Mon Dieu ! si la fièvre allait le reprendre ! dit-elle avec effroi. Où as-tu mal, mon bon François ?

— Je n'ai pas mal, maman ; ne t'inquiète pas, répondit-il. J'ai eu peur, parce qu'il est arrivé un accident.

— Un accident.... Qu'est-ce donc, mon ami ?

— Les chevaux de l'évêque se sont emportés, et Monseigneur a été tué.

— Ah ! quel malheur !... Mon Dieu ! quel malheur !. s'écria Jeanne, en joignant les mains. Un si digne homme, qui faisait tant de bien.... Mais comment cela s'est-il fait ?

— Ah ! maman, si tu savais.... C'est un enfant qui en est cause.

— Un enfant !

— Oui, un petit garçon qui a effrayé les chevaux, en faisant sauter sous leur nez la corbeille de bonbons.

— Oh ! le malheureux étourdi ! Voilà un

remords pour toute sa vie. Mais qui est-ce, François? Le sais-tu?

— C'est moi! dit François, en se jetant aux genoux de sa mère.

— Toi! répéta-t-elle en reculant avec épouvante.

— Maman, maman, pardonne-moi!

— C'est à Dieu qu'il faut demander pardon, dit Jeanne, sans pouvoir retenir ses larmes.

— Eh bien! eh bien! qu'est-ce qu'il y a? cria Robert en rentrant. On pleure ici.... Pourquoi donc?

— Tu ne sais pas ce qui est arrivé?... Monseigneur est mort.... Nous pouvons bien pleurer.

— Mais non, il n'est pas mort. J'ai aidé à relever sa voiture et je l'y ai vu remonter.

— Ah! mon Dieu!... s'écrièrent en même temps Jeanne et François.

— Voilà comme ça va..., reprit Robert. Quand il y a du mal, on en met dix fois comme il y en a. Le grand vicaire est blessé à la joue, et le cocher a le bras démis. C'est bien assez.

— C'est trop ; mais ce n'est rien en comparaison de ce qu'on avait dit à François. Où est donc Marguerite ?

— Marguerite est entrée à l'église avec les jeunes filles pour remercier le bon Dieu d'avoir sauvé Monseigneur. Et toi, François, qu'est-ce que tu fais là ?

François leva la tête, et Robert vit de grosses larmes rouler le long de ses joues.

— Qu'est-ce qu'il a donc ? reprit Joseph, en s'adressant à sa femme.

— Il te le dira lui-même, répondit Jeanneton ; mais plus tard.

— Non, maman, tout de suite, reprit François, qui fit à son père l'aveu de sa coupable étourderie.

— Ah ! Seigneur ! dit Robert, si notre digne évêque était mort, quel chagrin pour toute ta vie ! Je t'ai trop gâté, François, il est temps que tu travailles à te corriger.

— Tu vois, ajouta la bonne Jeanne, quels malheurs peuvent résulter d'une espièglerie. La pauvre mère Nicolas n'est-elle pas morte le jour de Noël parce que des gamins lui avaient enlevé sa lanterne?

— La mère Nicolas est morte le jour de Noël ! s'écria François, qui, tombé malade ce jour-là même, n'avait plus pensé à s'informer de la vieille. Celui qui l'a tuée, c'est moi.

— Comment ! c'est toi!... dirent à la fois Jeanne et son mari.

— Jean l'idiot a raison : il faut que j'aille en prison, reprit François en sanglotant.

— Le mal est fait, dit Robert, il est inutile d'en parler; car on te le reprocherait toujours.

— L'idiot a dit que j'irais en prison, parce qu'il m'a vu faire peur aux chevaux. Il a encore dit autre chose qui m'a fait beaucoup de peine.

— Quoi donc? demanda Joseph.

— Je n'ose pas te le répéter, pourtant je suis bien sûr que cela n'est pas vrai. Tu n'es pas un voleur, papa?

— Non, mon ami, je ne suis pas un voleur ; mais Jean n'a pas menti : j'ai été en prison pendant trois mois, et j'ai eu tort de ne pas te le dire plus tôt, parce que mon exemple t'aurait sans doute aidé à te corriger.

Robert s'assit près de son fils et lui raconta, sans chercher à s'excuser, dans quels travers l'avait entraîné son caractère orgueilleux, susceptible et querelleur.

— Par malheur pour toi, tu me ressembles, mon enfant, ajouta-t-il, et je tremble en pensant à l'avenir que tu te prépares.

— Pourquoi François ne changerait-il pas comme tu as changé? demanda Jeanne. La mort de la mère Nicolas et l'accident arrivé aujourd'hui par sa faute sont une leçon cruelle dont j'espère qu'il profitera.

— Je te le promets, maman. Que j'aille en prison ou que je n'y aille pas, personne n'aura plus à se plaindre de moi.

François ne put dormir de toute la nuit : il pensait à la mère Nicolas, et il avait à chaque instant devant les yeux le carrosse emporté par ses chevaux écumants. Il se leva de bonne heure et courut à l'église, où l'*Angelus* venait de sonner.

— Monsieur le curé, dit-il en s'approchant d'un vénérable vieillard prosterné au pied de l'autel, je viens vous prier de me rayer de la liste des communiants.

— Vous rayer de la liste! Et pourquoi ?

— Ah! monsieur le curé, quand vous saurez ce que j'ai fait, vous me chasserez du catéchisme.

— Peut-être, répondit le bon curé, touché des larmes de François. Qu'avez-vous donc fait, mon pauvre enfant?

François s'accusa de la mort de la mère Nicolas et de tout ce qui était arrivé la veille. Ce double aveu fut entrecoupé par ses sanglots.

— Vous voyez bien, monsieur le curé, ajouta-t-il, que je ne pourrai pas faire ma première communion.

— J'en parlerai à Monseigneur, répondit le vieillard. J'espère qu'il vous pardonnera, si vous travaillez à vous corriger. Quant au bon Dieu, vous savez qu'il pardonne à ceux qui se repentent du fond de leur cœur.

— S'il me pardonne, jamais je ne recommencerai.

La première communion se fit six mois après. François était devenu si doux, si studieux et si sage, qu'on ne le reconnaissait plus. Il fut reçu le premier, et le bon curé l'embrassa devant les autres enfants, en lui disant tout bas :

— François, Monseigneur vous pardonne et le bon Dieu vous bénit.

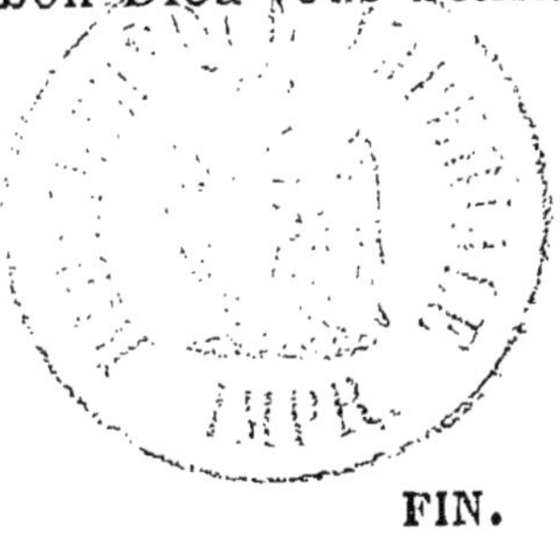

FIN.

Rouen. — Imp. MÉGARD et Ce, rue S.-Hilaire, 136.

www.ingramcontent.com/pod-product-compliance
Ingram Content Group UK Ltd.
Pitfield, Milton Keynes, MK11 3LW, UK
UKHW022105170726
13837UKWH00003B/1074

9 782019 952518